这就是世界标准！

经过科学证明的

最强肌肉训练图解

（日）庵野拓将　监修

张　岚译

辽宁科学技术出版社

沈　阳

这就是世界标准！
经过科学证明的
最强肌肉训练图解

了解何为
"正确的肌肉训练法"

1 了解肌肉强壮的理论！

2 实践"肌肉训练三大动作"！

3 思考摄入的方法！

4 继续深入了解肌肉训练的知识！

不要被

错综复杂的

非确定信息所迷惑。

只有"信息"

才能把你的身体

引导至理想形态！

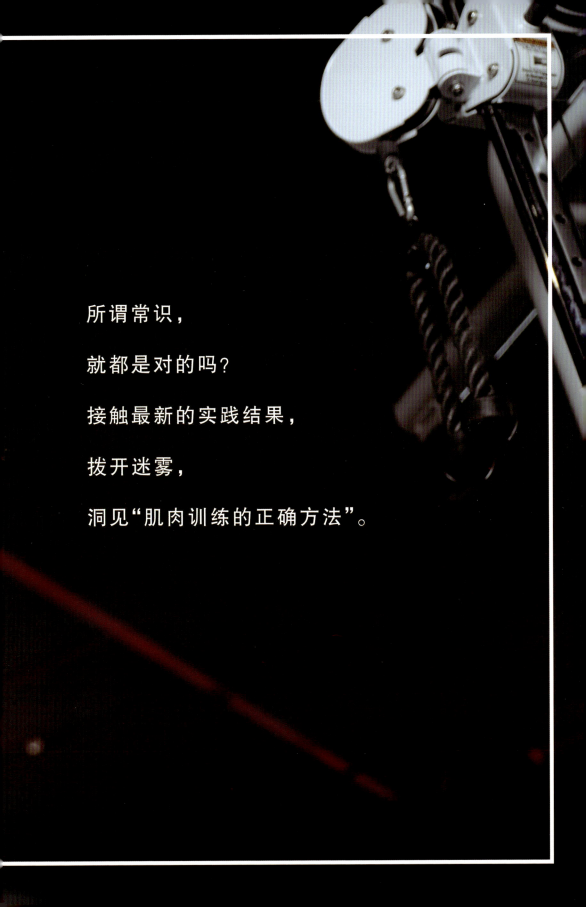

所谓常识，

就都是对的吗？

接触最新的实践结果，

拨开迷雾，

洞见"肌肉训练的正确方法"。

大家能自信地说自己的肌肉训练方法是正确的吗？

当我这样问时，总能得到各种各样的答案。

例如："肌肉训练，动作很简单啊。没必要纠结训练方法正确不正确吧。有那思考的时间，不如干脆就用来训练了。"

"我按照指导的内容一板一眼地进行训练，可一旦被问到为什么这样做才正确，我却无言以对。说到底，我也不知道这么训练到底对不对。"

"随心所欲地训练了3个月，成效却不尽如人意。你要是问我现在这种训练的方式到底有效果没有，我还真不知道应该怎么回答你。"

"好不容易下定决心开始健身，没多久就受伤了。最近一直在休息状态。可能当时训练得有点过量吧，也可能是训练方法不对。"

您看，每个人的感受和想法都不一样。但有一点却是相同的，大家都没有认真思考过"正确的做法"这个问题。

为了瘦身塑形才开始肌肉练习的初学者，可以分成两个类型。

第一个类型，属于照猫画虎，也就是按照"自己的理解"进行训练。另一个类型，则会前往健身房，按照指导进行训练。

首先，我并不推荐未经学习"正确的做法"就开始"自学成才"

的健身训练。这种情况下，往往还没看到任何训练效果，就已经使身体受到了损伤。

深蹲、仰卧推举、硬拉的动作，被统称为"肌肉训练三大动作"。虽然看起来都很简单，但每一个都会用到哑铃等配重器具，因此训练与风险同在。

因此，结合具有丰富经验的教练的指导，才能进行合适的训练。

虽说如此，但训练绝不是单纯地任人摆布。只有经过自己的理解，懂得"为什么这种方式才正确，如何才能更有效率"的理论，才能真正获得正确的训练方法。

这样的心路历程，不只存在于肌肉训练的健身房中，也同样存在于绝大多数的体育训练中。教练员们在常年的实践中积累下来各种经验和准则，感受到了所谓"好的"训练方法，然后身体力行地教授给新生代运动员。

这种口口相传的训练方式初衷是为了分享，但在实践中，某个人的经验和感受很有可能会给其他人带来一定的困惑。

这是因为指导内容中包含了太多的"个人经验"，没有扎实的理论依据，我们无法判定这种做法是否真的正确。也就是说，我们需

要甄别指导方法有没有"信息来源"（科学依据）。

指导者认为自己教授了"正确的方法"，但其实可能存在某些漏洞。正因为如此，学习肌肉训练方法的人，应该用心思考这些内容是否正确无误。而我们刚才提到的"信息来源"，正是为了佐证这些理论而存在的。

近年来，关于肌肉训练的研究突飞猛进。世界各国的大学和研究机构都在进行各种各样的研究，同时也发表了大量研究报告。

本书中，就基于这些最新信息，对"肌肉训练的正确方法"进行解析。我尽可能避开专业术语，用浅显易懂的方式进行说明。希望初学者也能站在理论知识的高度，客观理解什么是"正确的方法"。

要知道，人与人之间是存在个体差异的，即使具备充分的科学依据，训练方法也未见得就能适用于所有个体。

但是，我希望大家可以先从科学的层面了解正确的肌肉训练方法，然后再身体力行地去体验一下。希望每位读者都能在积累了一些训练经验后，总结出符合理论依据，并且"符合个体特点的训练方法"。这就是本书的目的所在。

这就是世界标准！
经过科学证明的
最强肌肉训练图解

目 录 CONTENTS

第三章

摄取蛋白质的正确方法
和肌肉训练时的食谱 / 93

第四章

进行正确肌肉训练的问与答 / 130

正确的
肌肉训练
方法——理论篇

The Right Way to Muscle Training

所谓科学的正确训练肌肉的方法，究竟是什么？我们之前实践的训练方法，难道是错误的吗？本章节中将会对肌肉训练的理论知识进行讲解，希望可以帮助大家更有效率地实现肌肉发达，早日获得理想的身姿。

正确的
肌肉训练
方法——理论篇

The Right Way to Muscle Training

1 了解肌肉发达的理论

近些年，有越来越多的人积极地参与到肌肉训练当中来。

"期待练出值得炫耀的身材。"

"希望强化肌肉力量，提高体育运动中的成绩。"

"想要维持现有肌肉水平，保持年轻健康的身体状态。"

他们的初衷各不相同。

当然，我们应当根据不同的目的选择不同的训练方法。首先明确训练目的，然后了解这个范畴中的规则和体系，然后有目的地选择训练手段。这是必不可少的过程。

那么，就让我们先来了解一下，肌肉经过什么样的过程才会变得更发达，其中又蕴含着什么样的理论体系。

肌肉蛋白质，
会循环往复地进行"合成"与"分解"的过程

首先，让我来简单介绍一下肌肉发育的过程。

肌肉由成千上万，乃至几十万根肌纤维构成。所谓肌肉发达，实则是每一个肌纤维变粗之后的必然结果。肌细胞的形状细长，呈纤维状，故肌细胞通常称为肌纤维，由被称为肌动蛋白质和肌球蛋白质的肌肉蛋白质构成。也就是说，肌纤维变粗的过程，就是肌肉蛋白质合成的过程。

肌肉蛋白质在每一天的 24 小时中，会循环往复地进行"合成"与"分解"的过程。

我们每天都吃饭，通过这个摄取充足的营养物质，体内保持着肌肉蛋白质合成与分解的平衡，肌肉量得以维持。

我们在这里提到的合成，意味着肌肉量增加。而分解，意味着肌肉量减少。这说明如果肌肉蛋白质的合成大于分解，那么肌纤维就会变粗，从而实现肌肉强健。

摄取必要的营养成分，
按照正确的方法进行训练

那么，怎样才能让肌肉蛋白质的合成大于分解呢？

为实现这个目的，肌肉力量训练必不可少。

如果只摄取营养成分，充其量可以维持肌肉量，而且很有可能肌肉量会缓慢减少。如果希望肌肉更加强健，就需要在摄取充足的营养成分的同时，进行适当的训练，两者缺一不可。正是因为如此，才有很多人，貌似积极地训练着肌肉，却不小心掉进了一个大大的"陷阱"！

那就是没有按照正确的方法进行肌肉训练。在通常的训练中，绝大多数的教练都会根据自身经验给出指导建议。

　　虽然不能一味否定个人经验，但个人经验的背后是否有充分的科学依据呢？这一点会在很大程度上左右训练方法的正确性。

　　您在进行的训练方法是正确的吗？您在高效地进行着肌肉发达的训练吗？

　　体育训练的科学日新月异。这几年，人们更多地了解了深蹲、仰卧推举、硬拉这三个"肌肉训练动作"，同时对健身科学的意识也在不断觉醒。既然决心进行肌肉训练，那么为了最大限度获得训练成效，避免在训练过程中受伤，就需要了解"肌肉发达的理论体系"，让身体习惯"正确的训练方法"。

2 肌肉发达的决定因素为总负荷量

低强度的训练也有望实现充分的肌肉训练效果

为了让肌肉更发达，毫无疑问高强度训练卓有成效。也就是说，选用高重量级的器具进行高强度训练的手法不可欠缺。

但是，只有这样才能实现肌肉发达的目标吗？低强度的训练方法，难道就无法获得同样的效果吗?

对于初学者和高龄者来说,高强度的肌肉训练会给身体带来很大的负担,不是轻松就能完成的。"辛苦""疼痛"的感受,会直接影响到训练热情,往往导致训练半途而废。那么,低强度训练真的无法获得理想的效果吗?

2012 年,加拿大的麦克马斯特大学(McMaster University)发表了如下验证结果。

把实验对象分为两组,同时进行腿部拉伸的训练。一组以 80% 的强度进行,而另一组以 30% 的强度进行,训练一直持续到筋疲力尽为止。可想而知,强度较低的一组在限定时间内可以完成更多的动作次数。在进行了长期的验证之后,结果显示,两组人员的肌肉量都有所增加,而且肌肉增加量几乎没有差异。也就是说,不是只有高强度训练才能带来增肌的效果。如果在低强度、多次数的条件下进行训练,训练的总负荷量(重量 × 次数)升高,就能获得与高强度训练同样的效果。

现在,大多数的人都已经了解了这个常识——"肌肉训练的效果,不仅仅取决于训练重量级别,而且是由总负荷量决定的"。因此,增肌训练的方式也由原来的"高强度训练"变成了"提高训练的总负荷量"。

但是,请不要忽略刚才我们提到的"筋疲力尽"的重要性。

英国南安普顿的索伦特大学研究组曾经发表过这样的研究结果:"以低强度进行训练,并且达到了筋疲力尽的状态,则可实现所有肌纤维收缩的状态。由此,肌肉发育的效果等同于高强度训练。"这意味着认真感受肌肉疲劳程度、挑战肌肉强度的极限,是低强度训练的绝对必要条件。

3 思考训练频度

每周进行几次肌肉训练才最有效率呢?

　　因为我们需要让肌肉从疲劳状态恢复过来,所以需要留出恢复期。那么,训练频度设定就应该因人而异。例如每周3次、每周2次,或者毫不介意的每天都训练。

决定肌肉发育程度的要素是总负荷量，这一点我们已经在前面介绍过了，而总负荷量的计算公式为"训练强度 × 重量 × 次数 × 动作组数"。

那么，周单位的总负荷量也会影响肌肉发达的效果吗？

2018 年，美国俄克拉荷马州立大学进行了如下实验。

他们召集了一些有健身训练经验的人，把大家分为两组，然后分别进行深蹲、仰卧推举、硬拉的训练。A 组每周 3 次，B 组每周 6 次，但是把两组的周单位总负荷量设定到相同水平。

A 组：

总负荷量 =10kg×10 次 ×2 组 × 每周 3 次 =600kg。

B 组：

总负荷量 =10kg×10 次 ×1 组 × 每周 6 次 =600kg。

肌肉发达不是取决于频度，而是取决于总负荷量

这样的训练持续了 6 周时间，然后对实验人员在参加训练之前和之后的肌肉量进行了统计。结果显示,两组实验人员的增肌量几乎没有差异。由此可证，肌肉发育的效果，跟每周进行几次训练没有绝对关联性。只要周单位的总负荷量相同，那么无论一周训练 3 次，还是一周训练 6 次，效果都不会有什么区别。

很多人都想在繁忙的日常工作之余，抽时间坚持肌肉训练。但确实存在无论如何都没法安排时间的情况。那就不如更灵活地安排时间，更有效率地进行训练。每周的训练次数固然重要，但更要综合考虑以周为单位的总负荷量。这才是上上策。

4 思考关节的活动范围

究竟是"大范围（full range）"有效，
还是"部分范围（partial range）"有效？

　　无论是仰卧推举、深蹲，还是硬拉，每一个项目的基础都是弯曲、伸展关节的运动。

　　那么，对关节而言，在什么样范围内活动才能增进肌肉训练的效果呢？

我们可以把关节的活动范围大致分为两类。第一类，是在可动范围内完全弯曲、伸展的活动（大范围）；另一类，稍微舒缓，在可动范围内中等强度地进行弯曲、伸展的活动（部分范围）。而说到哪一类对增肌更有效果，大家的意见大相径庭。

2012年，里约热内卢联邦大学进行了一项研究，专门针对关节活动范围的差异对训练效果的影响进行了研究。

当时，大学召集了40个人，分为"大范围"（关节角度在0°~130°）和"部分范围"（关节角度在0°~60°）两组。大学要求这两组都按照每周2次的频率进行训练（曲臂），然后在10周之后统计出了明确的答案。

与"部分范围"小组成员的肌肉成长率相比，"大范围"小组的数值约为其2倍。

"大范围"的效果更加显著

2013年，丹麦的哥本哈根大学选用深蹲项目，针对膝盖角度差异对训练效果的影响进行了研究。

研究过程中，把研究对象分为两组，分别进行"大范围"深蹲（关节角度在0°~130°）和"部分范围"深蹲（关节角度在0°~60°）的训练，训练每次进行3组，一共持续了12周的时间。这次研究也给出了同样的结论，与"部分范围"深蹲小组成员相比，持续进行"大范围"深蹲训练的成员获得了更加强大的腿部肌肉力量。

根据这些结果，现在普遍认为"以肌肉发达为目的的训练，更适合采用'大范围'的训练方式"。

但还有一点需要注意，那就是进行"大范围"训练时，肌肉的拉伸与收缩都更加剧烈，所以受到的损伤也更大。因此，我们应当留给肌肉更多用来自我修复的时间。在指定训练计划的时候，千万不要忘了这一点。

5 ▸ 思考每组训练 之间的休息时间

"休息时间应当短一些"，这个常识已经被颠覆啦！

　　为了让肌肉变发达的效果最大化，每组训练之间的休息时间究竟设定到几分钟才好呢？

　　"休息时间的长短也会影响到肌肉发育吗？"

可能有人会发出这样的质疑，但这一点确实是进行肌肉训练时的关键点。在现阶段的体育科学当中，已经对此给出了一致的见解，那就是"每组训练之间的休息时间对肌肉发育有一定影响"。

那么，每组训练之间的休息时间短一点儿（1分钟）好，还是长一点儿（3~5分钟）好呢？

早在2010年代初期，"休息时间短一点儿好"的见解成了主流思想。当时大家认为"每组训练之间的休息时间越短，生长激素的分泌越旺盛，因此肌肉更容易发育"。

但是，这个常识却被颠覆了。

2012—2013年，麦克马斯特大学对影响肌肉发育的各种因素进行了验证。这次研究的结果，颠覆了之前的观点。

"训练产生的短期生长激素升高，并不会对肌肉蛋白质的合成及肌肉发育的效果产生影响。"

这个结论撼动了"休息时间应该短一些"的依据。原来，每组训练之间的休息时间并不是越短越好。

高强度项目训练之间，需要预留2分钟以上的休息

接下来，我想介绍一下澳大利亚墨尔本大学在2017年发表的报告。

他们在对每组训练之间的休息时间进行各种验证以后，发现了"最适合各种训练强度的休息时间"，详细分析结果如下。

"进行高强度训练的时候，较长的休息时间（2分钟以上）可以增加总负荷量，提高训练效果。而对于低强度训练，稍短（1~2分钟）的休息时间也能获得足够高的效果。"

当然，所谓最适合的休息时间，要与训练经验等个人条件综合考虑，要结合个人的训练经验，灵活地调整休息时间，巧妙地提高总负荷量。

6 思考运动速度

缓慢进行肌肉训练的效果更好吗?

前一段时间，曾经流行过缓慢肌肉训练法（slow training）。

大家认为缓慢的训练动作能让训练效果更好。这个观点正确吗?

让我们一起来思考一下运动速度。

在进行肌肉训练的时候，我们的身体会面对"积极动作"和"消极动作"。例如，在曲臂的项目中，提拉哑铃时肘关节进行拉伸动作，这时候上臂二头肌就会收缩。

此时，因为肘关节拉伸产生的上臂二头肌收缩，就属于积极动作。伸展肘关节，让上臂二头肌也随之伸展的状态，则属于消极动作。假设积极动作2秒钟、消极动作2秒钟、动作切换时间为0秒钟，那么整套曲臂动作的时间就是4秒钟。

根据这个设计，我们把运动速度分成三种。

① 快速 Fast（运动速度 0.5~4 秒）

② 中速 Middle（运动速度 4~8 秒）

③ 慢速 Slow（运动速度 8 秒以上）

"8秒以内"的运动速度才能让肌肉得到高效训练

针对这三种运动速度与肌肉发育的关系，纽约市立大学进行了相关验证。

其结果显示，快速和中速与肌肉训练效果之间的关系，几乎没有差异。但是，慢速的情况下，可以见到明显的效果。

加拿大麦克马斯特大学以20多岁的人员作为实验对象，进行了曲臂训练的相关实验。对象人员分为两组，A组的运动速度设定在1秒以内（快速），B组的运动速度设定在8~9秒（慢速），训练一直持续到筋疲力尽为止。对象人员在8周的时间里，每周进行3次训练，每次进行4组。

从结果来看，两组人员的上臂二头肌都有明显粗壮的趋势，但A组（快速）人员的效果更加显著。

在甄别肌肉发育效果的时候，快速训练要比慢速训练更加有效。我们可以在日复一日的肌肉训练中有意识地进行快速训练，让运动速度保持在"8秒以内"。

7 思考肌肉训练与睡眠的关系

在肌肉训练的前一天晚上，要保证充足的睡眠

你是不是认为，"肌肉训练就是前往健身房进行训练"？

当然，健身房确实是能提拉杠铃、强健体魄的地方。但是，我们绝不能忽视在健身房之外的生活细节。其实，我们的健身训练，早在前一天的晚上就开始了。

前一天晚上，是否保证了充足的睡眠，会在很大程度上影响训练的效果。

2012 年，英国体育机构 UK sports 针对"睡眠时间对训练效果的影响"进行了调查。

为进行数据统计，当时把调查对象分成"睡眠时间在 8 小时以上""睡眠时间不足 6 小时"两个小组，然后让大家进行仰卧推举、深蹲等多关节训练。训练重量设定在对象可以自己举起的最大重量的 85%，然后测量每一位参与者在达到身体极限之前能完成几次动作。当时一共进行了 4 次测量。

几天后，把调查对象的睡眠时间进行对调，再一次进行了测量。其结果显示出一个明确的结论。

与睡眠时间超过 8 小的小组成员相比，睡眠时间低于 6 小时的小组成员的仰卧推举、深蹲训练的总负荷量都有明显下降的趋势。

也就是说，前一晚的睡眠时间确实对训练效果有影响。

为提高睡眠质量，应注意以下三个关键点

从另一个角度来讲，睡眠不足不仅对身体各方面有影响，对精神层面也有影响。在睡眠不足的状态下进行训练，训练者的注意力显著下降，精神状态也很容易陷入焦躁不安当中。与正常状态相比，即使训练时间相同，但只要训练重量有所上升，就有超负荷的危险。

那么，为了在训练时发挥最优良的身体状态，应该如何提高睡眠质量呢？

答案是，控制以下三个关键点。

咖啡因、香烟、酒精。

从训练前一天下午的 2 点开始，请不要摄取咖啡因。另外，建议在睡觉之前不要吸烟、饮酒。

第二章

正确的
肌肉训练
方法——实践篇

The Right Way to Muscle Training

就肌肉训练来讲，越是能以正确的方法持续进行，越能让功效发挥至最大水平。让我们一起来研究一下肌肉训练前是否应该做拉伸，最好的热身运动是什么，以及"肌肉训练三大项目"的正确训练方法。

第二章

正确的
肌肉训练
方法——实践篇

The Right Way to Muscle Training

肌肉训练前需要进行拉伸吗?

最佳热身运动是什么?

"肌肉训练三大项目"的正确训练方法

1 | 深蹲

2 | 仰卧推举

3 | 硬拉

肌肉训练前
需要进行
拉伸吗？

陆上竞技界对拉伸的看法

不仅仅是肌肉训练，其实在开始每一种运动之前，都有必要进行准备活动。

例如，陆上竞技当中的短跑，如果不做好开始之前的准备，就没办法在100米或200米的赛道上全力以赴。在尚未进行热身的情况下用尽全力快跑，很有可能发生身体伤害。所以从很久以前，人们就开始认识到应该在运动之前充分热身，让身体活跃起来。

为了切实预防受伤，拉伸运动的确卓有成效。

但是，热身活动跟提高运动成绩之间有关联吗？

关于这个话题，运动科学界进行着持续的研究，而且，已经得到了这样一个结论。

近年来，在陆上竞技的短跑比赛开始之前，几乎没有人用心进行热身。这是因为很多教练和选手认为，一旦肌肉过于放松，就不能把瞬间爆发力发挥到极致。

例如，如果脚踝附近的肌肉特别柔软，会怎么样呢？

脚底牢牢地抓住地面，脚踝黏滞性下降，那么反弹力就不能高效传递到身体上。也就说，为了爆发出最好的运动成绩，身体还是需要保持一定程度的硬度和黏滞性的。

那么，再来看看肌肉训练

在进行肌肉训练之前，需要进行拉伸准备吗？

回答是"NO"。

拉伸活动大致可以被分成两种。其一，安静地拉伸肌肉的"静态拉伸"；其二，动态拉伸肌肉的"动态拉伸"。我们现在已经清楚地了解到，前者的静态拉伸会降低肌肉发育的效果。

美国路易斯安那州立大学进行过如下论证。

让同样的实验对象在静态拉伸之后以及在完全没有进行拉伸之后，同样进行挑战屈腿运动的极限。结果显示，拉伸之后的运动次数要比未拉伸的次数少 24%。

巴西的圣保罗大学在进行验证后，也得到了同样的结果。

圣保罗大学选取了有健身经验的人员，同样在拉伸、未拉伸的状态下挑战屈腿运动的极限。经过 8 轮的重复验证，结果显示，拉伸之后的运动次数要比未拉伸的次数少 18%，总负荷量少 23%。

由此可以得到这样的结论，"运动前进行拉伸会导致运动成绩降低"。

拉伸会降低肌肉训练效果的理由

究竟为什么拉伸会降低肌肉训练的效果呢？

在若干理由当中，最简单易懂的一个是拉伸降低了肌肉的黏滞性。肌肉由弹性要素与黏滞性要素构成。正因为肌肉具备黏滞性，才能像橡胶一样伸缩自如。而拉伸运动，则会降低这种性质，导致肌肉强化率下降。

如前所述，多项试验都验证了拉伸降低总负荷量、影响肌肉发育效果的事实。

把每一块肌肉的拉伸控制在 30 秒以内

"话虽如此，但是几年来都在运动之前做拉伸啊。拉伸活动根本就是运动前热身的一部分。要是不做，还是感觉有点儿奇怪。"

"肌肉训练之前真的什么都不用准备吗？让身体热起来的意义在于让肌肉柔软，避免受伤。要是不拉伸就开始运动，有点儿可怕。"

大多数习惯了拉伸运动的人，都会提出这样的质疑。

当然，拉伸是防范伤害的重要手段。因此，如果把拉伸项目放在热身过程中，就请把每一块肌肉的拉伸控制在"30 秒"以内吧。

拉伸肌肉的时间如果比较短（30 秒以内），就不会对运动成绩造成太大的影响。

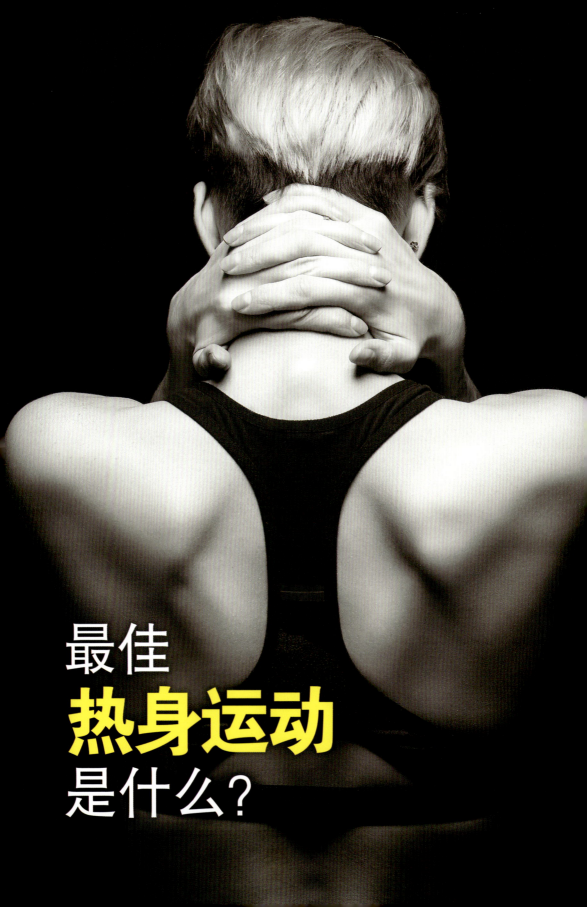

最佳
热身运动
是什么?

堪培拉大学发表的热身报告

拉伸活动会降低肌肉训练的总负荷量，影响肌肉发育的效果。关于这一点，我们已经在前面陈述过了。

"那么，可以不热身就直接开始肌肉训练吗？"

"如果这样的话，会不会增加受伤的风险？"

如果大家有这样的不安，就一起来看看来自澳大利亚堪培拉大学的研究报告吧。

关于热身：

① 通过拉伸运动预防受伤

② 通过有氧运动提高肌肉温度

③ 通过"特殊的热身"促进神经肌肉活性化

报告中提出，通过进行这三个项目，可以看到训练成绩明显的上升趋势。

关于①，有必要进行 30 秒以内的拉伸。

关于②，推荐慢跑及有氧自行车项目。

②的目的在于高效实现训练效果，所以通过有氧运动提高肌肉温度。建议在身体不会感到极度疲劳的程度下，进行 10~20 分钟的有氧运动，以便让身体活跃起来。

"特殊热身"——低负荷进行相同的肌肉训练项目

近年来，备受瞩目的"特殊热身"项目已经成为开始肌肉训练之前最常规的准备活动。

详细来讲，这种特殊热身就是在正式开始仰卧推举、深蹲等项目之前，以较低负荷的水平进行同样的练习。这种"特殊热身"，可以促进肌肉活性化，提高训练强度，同时增加运动次数。

举个例子，假设我们现在要让棒球的投手进行上垒之前的投球练习。这时候，投手并没有全力以赴地投球，而是以最大能力的 30%~70% 水平来投球。通过这种准备练习，才能在真正与击球员对峙的时候发挥出 100% 的力量。

"特殊热身"就是这个道理。在开始仰卧推举、深蹲等项目之前，以 30% 的强度进行几次同样的训练。这样一来，神经回路的活动更加顺畅，完成了进入正式训练之前的准备。

话说回来，最佳热身运动是什么呢？

一起来看看 2011 年圣保罗大学的研究结果吧。

让心跳数维持在最高心跳数的 60% 左右，然后进行 20 分钟的有氧运动。接下来，肌肉力量达到最大值的 50% 时进行 8 组屈腿运动（特殊的热身），达到最大值的 70% 时进行 3 组。

结果显示，与单独进行"特殊热身"相比，实验人员的最大肌肉力量值上升了 8.4%。在进行这个验证之前，"特殊热身"运动的效果已经得到了公认。但由于这次实验，我们进一步了解到"特殊热身"＋"有氧运动"能让热身效果进一步提升。

"特殊热身"＋"有氧运动"，这就是最佳的热身运动。

Squat
Bench Press
Dead lift

"肌肉训练三大项目" 的正确训练方法

深蹲、仰卧推举、硬拉，这三个项目被称为"肌肉训练三大项目"。从这个章节开始，将介绍这三个项目的正确训练方法。按照经过科学考证的正确方法进行训练，长此以往才能达到高效强化肌肉的目的。一起来检验一下自己惯用的训练方法吧。

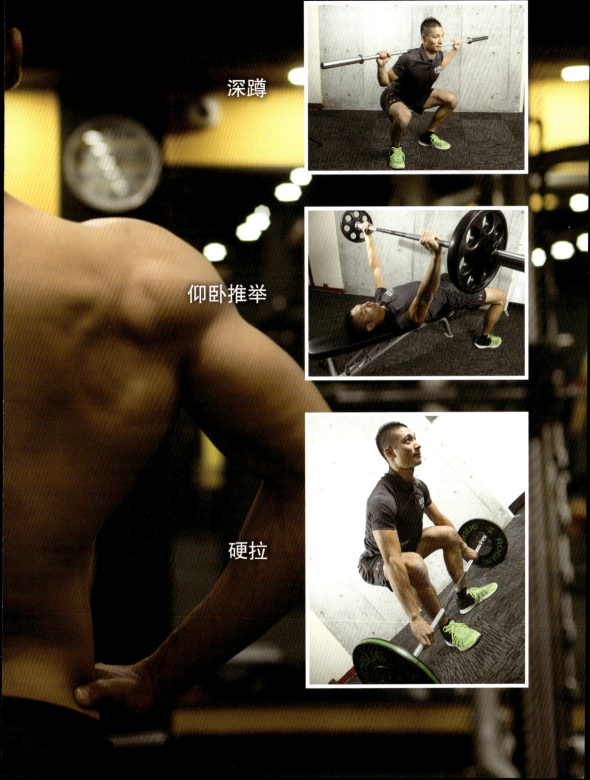

深蹲

仰卧推举

硬拉

深　蹲

Squat

所谓的正确方法，并未得到长期验证

深蹲动作，是以直立姿势为起始状态，反复进行膝关节弯曲、伸展的动作，主要用于强化下半身、大腿（大腿四头肌、大腿三头肌）、臀部（臀大肌、臀中肌）的肌肉。

深蹲是一款比较流行的肌肉训练项目。当中有很多不同的项目，本书中介绍使用杠铃的训练项目，也就是通常被称为"杠铃深蹲"或"后深蹲"的项目。尽管如此，长久以来并没出现过科学佐证。稍后，我们还会介绍仰卧推举和硬拉的项目，也属于同样的状况。也就是说，"三大项目"的指导意见，都来自经验之谈，其中很大一部分无视了合理性。

要点是把重心落在脚底中心部

在深蹲训练的过程中，反复进行简单动作的练习。这意味着练习方法的正确性，会在很大程度上影响训练效果，所以非常有必要总结出一套科学的方法。

近年来（2014 年以后），生物力学领域的研究成就日新月异，最终确立出深蹲的科学指导方法。为了"科学且正确地进行深蹲训练"，需要遵循以下几个要点。

"在完成一连串的膝关节屈伸动作时，要把杠铃的中心落在脚底中心的位置上。"

貌似简单，实则无法达到目标的训练状况比比皆是。其中，特别常见膝盖弯曲时中心从脚底中心偏离出去的情况。

稍后，会针对深蹲的两个项目"高杆位"和"低杆位"进行介绍。

这两个项目各自的动作方法，会把项目效果作用于不同的肌肉上。但无论如何，在膝盖弯曲伸展的连贯动作中，始终应该保证重心落在脚底中心。

了解『高杆位』和『低杆位』

——效果各有千秋的两个深蹲类别

强化下半身肌肉的后深蹲，有两个类别

"高杆位"（high bar）和"低杆位"（low bar）两个类别的实施方法不同，特点各异，我们可以结合自身的目的进行区别训练。

"高杆位"适合用来对大腿前侧（大腿四头肌）进行刺激。相反，"低杆位"则适合用来强化臀部（臀大肌）、背部肌肉或者腘绳肌等身体后侧的肌肉。

无论哪一个，都起始于视线平视前方的直立姿势，而且也都是通过身体重心部位来支撑重量（杠铃）。但不同的是，杠铃的位置不一样。

"高杆位"动作时杠杆的位置相对较高（如右页上图所示）。杠铃横杆的位置架在后头部到脖子之间的肌肉（斜方肌）上方。

进行"低杆位"训练的时候，横杠位置较低。训练过程中，应当把重量放在肩膀后侧到后背之间的肌肉上（如右页下图所示）。

高杆位
High Bar

横杆的位置较高，放在斜方肌的上方。

低杆位
Low Bar

横杆的位置较低，放在肩膀后侧到后背之间的肌肉上。

『高杆位』和『低杆位』的区别

——清晰地意识到力量作用于不同肌肉

高杆位
High **B**ar

躯干略向前倾。

训练刺激主要作用于大腿前侧的肌肉（大腿四头肌）。

弯曲膝盖、让杠铃下沉时，身体呈现出躯干略向前倾姿势。膝盖向前探出到脚趾的前面，臀部位置与膝盖位置同高。可以刺激到大腿前侧的肌肉（大腿四头肌）。

低杆位
Low Bar

躯干用力向前倾。

训练刺激主要作用于臀部的肌肉和腘绳肌。

弯曲膝盖、让杠铃下沉时，躯干用力向前倾姿势。膝盖不要探到脚趾的前面，臀部向后方翘起，位置不应过低。可以刺激到臀部的肌肉和腘绳肌。

『高杆位』的正确姿势

——躯干略向前倾，膝盖向前探出到脚趾的前面

重心落在脚底中心，从直立的姿势开始动作。

意识到对大腿前侧产生刺激，让臀部充分下沉

"膝盖不要探到脚尖的前面！"

是不是很多读者就接受过这样的指导？

但这原本是"低杆位"的注意事项，并不适用于"高杆位"。如果膝盖不探到脚尖前面，那么上半身前倾角度就会特别大，从而无法对大腿前侧（大腿四头肌）产生理想的刺激。

干略向前倾,臀部与膝盖同高,或低于膝盖。

横杆下沉时，打开膝盖间隔。
脚尖向外倾斜 30°。

"握紧横杆的方法"

✗ 错误

横杆被夹在肩膀和脖子之间。

✗ 错误

反手握横杆，用手腕支撑横杆的重量。

✔ 正确

向下拉肘关节，手放在横杆上。不要依靠后背，用手臂和肩膀支撑横杆的重量。

「低杆位」的正确姿势

——躯干向前倾斜，膝盖不要探到脚趾的前面

双眼平视前方，后背挺直。从直立的姿势开始动作。

应当把注意力放在臀部与腘绳肌

致力于提高运动成绩的运动员，通常都会采用"低杆位"训练的方式提高下半身肌肉强度。

这个动作用于刺激身体后面肌肉，主要包括臀部和腘绳肌。

进行训练时的要点是把注意力放在接受刺激的肌肉上。躯干用力前倾，注意不要让膝盖探出到脚趾的前面。

干用力向前倾斜。臀部后侧翘起,下沉到与膝盖同高。

横杆下沉时,膝盖间隔几乎不变。脚尖向外倾斜 30°。

"握紧横杆的方法"

❌ **错误**

头部前倾,横杆被架在脖子上面。

❌ **错误**

双手位于横杆下方,反手握横杆。

✔ **正确**

向下拉肘关节,手放在横杆上。手腕不要弯曲,保持小臂和手腕在同一条直线上。

仰卧推举

Bench Press

提高胸大肌、三角肌前侧、上臂三头肌的肌肉活动

利用钢龙骨进行肌肉训练的项目中，仰卧在长椅上进行的仰卧推举最为流行。即使是没有很多健身经验的人，也会在说起肌肉训练时毫不犹豫地提起仰卧推举。

这是一个仰卧在长椅上，双手握住杠铃推起放下即可完成的简单项目。其目的在于强化上半身的肌肉力量，特别是可以提高胸大肌、三角肌前侧、上臂三头肌的肌肉活动。

"训练胸大肌""实现魁梧的胸部"……拥有这种愿望的男性不在少数。因此，在健身房的长椅区域，总能聚集很多健身爱好者。

虽说这项训练不难，但要以"正确的姿势"完成简单的动作，其实并不容易。

"只要把杠铃推上去，再拉下来就好了，不用想太多吧。"可能有人这么想，但这是不对的。如果不从"正确的姿势"着手学习，就不能高效实现上半身肌肉强化的目标。还是让我们学会正确的姿势，然后进行事半功倍的训练吧。

在出现"疼痛"之前，肩膀体验到"肿胀"感

为了预防伤痛，也必须要学习正确的姿势。

持续进行训练的时候，很多人曾经在杠铃下沉过程中体验过肩膀的"肿胀感"，此后还会感到"疼痛"。类似这种问题，完全可以通过修正肩关节位置，灵活运用肩胛骨的动作来缓解。

至今为止，虽然也有几份报告提到过仰卧推举和肌肉活动之间的关系，但由于肌电图的测定导致了若干误差，所以并没有得到充分的科学依据。直到2017年以后，持续进步的科学研究才终于给出了确凿的科学依据。接下来，就根据这些依据，解说一下"正确的姿势"。

事半功倍的正确姿势

——把动作偏差控制在最小范围

越是简单的动作，越需要从准确度中获取效果。

"高位"和"低位"的理想型

"高位（top position 杠铃被推起的状态）状态时，杠铃应该位于肩关节的正上方。"

"低位（bottom position 杠铃下沉的状态）状态时，肩关节应该打开至 60°~75°，肘关节保持与地面垂直。"

以上两点，是仰卧推举的基本姿势要点。进行推起杠铃动作的时候，需要把动作偏差控制在最小范围。

肘关节作为支点，
向上推动杠铃。

下沉杠铃的时候，肩关节打开
至60°~75°。

双手距离与起始姿势

——握紧杠铃的时候，双手距离应当为肩宽的1.5倍

起始位置时，杠铃应当位于肩关节的正上方。

让杠铃位于肩关节的正上方

基本来讲，进行深蹲项目的时候，起始位置时横杆应当位于脚底中心位置。

相比之下，进行仰卧推举的时候，起始位置时杠铃位于高位，同时应当位于肩关节的正上方。然后在这样的状态下，以肩关节位置点，缓慢过渡到低位状态。

另外，握紧杠铃的双手之间，应该保持等同于肩宽的1.5倍的距离。双手距离无论太近还是太远，都没办法顺畅地完成动作。

等同于肩宽的
1.5倍

等同于肩宽的
1.5倍

握紧杠铃的双手之间的距离，应该保持等同于肩宽的 1.5 倍。当保持这种幅宽时，低位时小臂与地面垂直，实现以肘关节为支点的完美动作。

✖ 错误

双手之间距离过小

如果双手之间距离过小，那么动作幅度受限，很难以肘关节为支点向上推起杠铃。

杠铃必须要提升到正上方

——为了不发生险情

✕ 错误

没有垂直向上，手臂动作前后摆动。

向上推举杠铃的时候，注意杠铃的位置不能在头和胸部的上方。

给目标肌肉最大刺激的同时，做好避免伤痛的准备

杠铃，必须要位于肩关节的正上方。

主要理由有两个。

首先，我们应当给目标肌肉（胸肌）最大程度的刺激。如果向斜上方推举杠铃，那么力量就会偏移到肩部等处肌肉，分散训练效果。

其次，是为了预防伤痛。如果支点不够稳定，那么持续推拉杠铃就很可能给肩部造成巨大的负担，请多加注意。

✔ **正确**

向正上方推举杠铃

以肘关节为支点，向正上方推举杠铃，把手臂动作的偏差控制在最小范围。

肘关节、肩关节的位置

—— 为了不浪费训练效果，消除动作偏差

小臂与地面保持垂直，以肘关节为支点进行动作。

"从侧面看……"

✔正确

向正上方推举杠铃的状态。
返回手臂向左右摇摆。

✘错误

小臂没有与地面垂直。这样
推举杠铃的话，手臂一定会
发生摇摆，产生偏差。

✔正确

在低位状态时，肩关节打开
60°~75°，小臂依然与地
面垂直。

握紧横杆的方法及脚部位置

——不要疏忽下半身的稳定

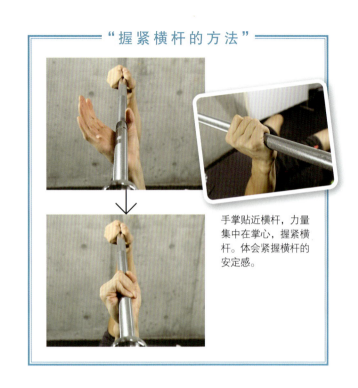

手掌贴近横杆，力量集中在掌心，握紧横杆。体会紧握横杆的安定感。

稳定双脚的位置，保持上半身的稳定

仰卧推举属于上半身的训练，但保持下半身的稳定也同样重要。如果双脚的位置不稳定，那么就无法实现理想的训练效果。拉开双脚距离，脚底抓牢地面。这时候，膝盖角度应为90°。

如果脚底抓地的位置位于髋关节下方，那么腰臀部会很容易翘起来。另外，如果膝盖过于伸展，身体就没办法保持稳定的状态。

✓ 正确

双脚打开，距离宽一些，双脚抓紧地面。这样的姿势更能保持上半身的稳定。

✗ 错误

如果脚底抓地的位置位于髋关节下方，那么腰臀部容易翘起来。

✗ 错误

如果膝盖过于伸展，身体就没办法保持稳定的状态。

后背拱起的理由

——灵活运用肩胛骨，防止受伤

✕ 错误

后背拱起的姿势无法获得稳定感，不能高效练习胸部肌肉。

后背拱起的理由

为了高效向上推举杠铃，可以稍微向上拱起后背。这个动作仅限于灵活地发动肩胛骨的动作，收缩背阔肌。这样做也是为了让肩、臂的动作更加流畅。

这里所说的"后背拱起"与向上挺腰是两回事。请意识到，重点在于发挥肩胛骨的动作，也就是说双侧肩胛骨向内转动（背骨靠近）、向下沉（向臀部方向靠拢）。这样才能有效地收缩背阔肌，完成后背拱起的动作。

✔ 正确

肩胛骨向内、向下转动，后背拱起。这里并不是要求向上挺腰，而是需要向前倾斜骨盆，要腰椎拱起来。

硬　拉

Dead lift

为了提高成绩所必要的"躯干刚性"

硬拉与深蹲、仰卧推举不同，属于牵引动作，因此，适用于对背阔肌、斜方肌、脊柱起立肌、臀大肌、腘绳肌等身体后侧的肌肉进行训练。

另一方面，与深蹲、仰卧推举相同，动作都很简单。但毕竟面对着高重量级别的杠铃，所以只有充分了解相关知识和必要的技术，才能高效强化肌肉力量。

硬拉的终极目标，是实现用于提高运动成绩所必要的"躯干刚性"。

与吊车支臂的共同点

"躯干刚性"是什么？让我们通过一个例子来解释。

我们在工地现场看到过翻斗车。翻斗车能轻而易举地卸下钢筋水泥等重物。为什么翻斗车能做到这一点呢？这是因为支臂"刚强无比（刚性）"，能够承受电机传递过来的力量。相反，如果吊车支臂软弱不堪地耷拉在一旁，无论电机有多大力量也于事无补。

刚才提到的硬拉，也是这个道理。

卸下钢筋水泥的翻斗相当于杠铃，而臀大肌、腘绳肌等髋关节伸展肌肉就相当于电机的作用，支臂的硬度就相当于"躯干刚性"。

那么，躯干刚性承担着什么具体任务呢？那就是"背阔肌的收缩"。

背阔肌，附着在提升杠铃的手臂（大臂骨）上。由于其解剖学上的特性，不仅可以固定住杠铃的位置，还可以对躯干刚性起到作用。

另外，"背阔肌与上臂骨的角度"承担着有效促进背阔肌收缩、提高躯干刚性的责任。当身体的这个部位在起始时保持90°，那么背阔肌的收缩效率会更好，躯干的刚性会更强。以此为理论依据，让我们来解说一下硬拉的正确姿势吧。

实现事半功倍的正确姿势

——杠铃的重心位于脚底中心

20~30cm

站在杠铃前，轻轻跳跃，以自然打开的脚宽作为站立幅度。两个足跟的间隔为 20～30 厘米。脚尖朝向外翻，开始动作。握紧横杆的双手应当略比肩宽。

结束姿势

挺直腰背站立，注意后背不要过度后仰。肩关节、髋关节、膝关节保持在一条直线上。

开始姿势

横杆位置位于脚底中心。肩膀探出到横杆前面。下沉肩胛骨，收紧背阔肌。

确认肩关节的位置

——肩关节位于横杆的前面

✗ 错误
视线朝下，身体紧绷，背阔肌的收缩效果下降。

✗ 错误
横杆位置位于脚前面。

巧妙地提高起始位置时的背阔肌收缩效率

在起始位置时，应当让肩关节位于横杆的前面。

这样一来，背阔肌与上臂骨的角度为90°，能有效提高背阔肌的收缩效果。

另外，如果横杆位于脚前面，那么背阔肌与上臂骨的角度加大，无法保证身体稳定性，因此背阔肌的收缩效果下降。这一点需要格外注意。

✔ **正确**

肩关节探出到横杆前面一点点。

确认髋关节的位置

——确认髋关节位于头部与膝关节中间

✖ 错误
髋关节位置过高（接近肩膀）。

✖ 错误
髋关节位置过低（与膝盖同高）。

保持背阔肌与上臂肌之间 90° 角

　　为确保背阔肌与上臂肌之间成90°，提高背阔肌的收缩效果，不得不提到髋关节的高度。在起始位置时，髋关节应当位于头部与膝关节中间。

　　如果髋关节的位置与膝盖同高，那么背阔肌与上臂骨之间的夹角变小。如果髋关节的高度已经接近了肩膀，那么夹角就会变大。

正确

髋关节位于头部与膝关节中间（正确姿势）。

硬拉的三个步骤

——为了把运动成绩发挥到极致

不要改变躯干前倾的角度，一边伸直膝关节，一边提起杠铃（**1**→**2**）。髋关节向前方探出，抬起躯干（**2**→**3**）。

最事半功倍的高效硬拉流程

如图片所示，硬拉动作可以分为三个步骤。

请您理解，整个动作的过程是从步骤一"一边伸直膝关节，一边提起杠铃（**1**→**2**）"，过渡到步骤三"让肩关节、髋关节、膝关节处于一条直线上"的（**3**→**4**）。

在动作结束时，让肩关节、髋关节、膝关节处于一条直线上（ **3** → **4** ）。

步骤一 ＝ **1** → **2** 的动作

步骤二 ＝ **2** → **3** 的动作

步骤三 ＝ **3** → **4** 的动作

正确的步骤一

——动作中不要改变躯干的前倾角度

保持背部线条（躯干前倾角度），
向上提拉杠铃。

一边伸展膝关节，一边提拉杠铃

步骤一主要有以下两个重点。

①一边伸展膝关节，一边提拉杠铃。

②保持躯干的前倾角度不变。

如果弯曲着膝盖提拉杠铃，或者从一开始就挺直着膝盖提拉杠铃，都属于徒增消耗量的低效动作。而且，这样做会给腰部带来过大负担，很有可能导致运动损伤，请格外注意。

步骤一

起始位置时，杠铃位于脚部中心。
弯曲膝盖开始动作。

一边伸展膝关节，一边提拉杠铃。不要改变躯干前倾角度。

正确的步骤二

——向前探出髋关节，抬起躯干

灵活运用抵抗髋关节的臀部肌肉（以臀大肌为主）和腘绳肌。

不是只抬起躯干，
而是要灵活发动髋关节的运动

在步骤二中，髋关节（骨盆周围）的动作与躯干的动作同样重要。

在步骤一中，躯干前倾角度需要保持不变，但到了这个步骤，我们需要抬起躯干。一边感受髋关节向前探出，一边在抬起躯干的同时提拉杠铃。如果只依靠躯干的力量提拉杠铃，那么运动成绩就会下降。请灵活运用髋关节的伸展运动。

步骤二

经过步骤一以后，身体状态向髋关节探出的姿势过渡，肩膀向后方移动。

一边抬起躯干，一边把杠铃提拉到膝盖以上的位置。保持腰背挺直，但不要仅依靠腰背力量提拉杠铃。

正确的步骤三

—— 直到结束姿势为止，都要保持腰背挺直

继续抬起躯干，不要仅依靠腰背的力量完成动作。

在完成姿势时，保持肩关节、髋关节、膝关节在一条直线上

在步骤二时，我们已经把杠铃提升到了膝盖以上的位置。接下来，我们要在步骤三，继续把杠铃提升到结束姿势的位置。

在结束姿势时，注意继续保持腰背挺直，不要后翻。如果能让肩关节、髋关节、膝关节保持在一条直线上，则是最为理想的结束姿势。提升杠铃的过程中过度使用腰背，是导致腰背疼痛的重要原因，请多加小心。

步骤三

步骤二的最终姿势。从这里开始，还要继续提拉杠铃。

结束姿势。让肩关节、髋关节、膝关节保持在一条直线上。

摄取**蛋白质**的正确方法和肌肉训练时的食谱

The Right Ingestion Method of the Protein

为了强化肌肉力量，食品的作用必不可少。也就是说，如何高效摄取蛋白质尤为重要。那么，摄取量如何判断？什么时候摄取合适？应该选择什么样的蛋白质？怎样才能轻松做出"增肌食品"呢？

第三章

摄取**蛋白质**的
正确方法和
肌肉训练时的食谱

The Right Ingestion Method of the Protein

▶ 必须要摄取蛋白质的理由

▶ 摄取蛋白质的时机

▶ 如何决定摄取量

▶ 预先了解增肌小技巧

▶ 巧妙摄取营养素的方法

▶ 摄取蛋白质+糖类的意义

▶ 家用简易增肌食谱

必须要摄取蛋白质的理由

训练 × 摄取蛋白质，这就是肌肉发达的方程式

"我一直在进行增重训练，但是肌肉始终达不到我的预想。这是为什么呢？"我曾经接待过这样的咨询。肌肉没有增加到预期的程度，主要可以考虑这样两个原因。

第一，增肌训练的方法有误。第二，没有巧妙地摄取蛋白质。其中，后者占绝大多数。

训练与摄取蛋白质，这是能让肌肉变大、变强的必要条件。首先，请务必了解这个理论。也就是说，如果在蛋白质摄取不足的情况下持续进行训练，不可能高效实现肌肉强化。

希望通过日常饮食摄取到充足的蛋白质

从另外一个角度来看，如果能够摄取到充足的蛋白质，那么就能在一定程度上保持肌肉。这是因为进入我们体内的蛋白质，是合成肌肉蛋白质的材料。而肌肉蛋白质，正是肌肉组织的基础。

虽说如此，除了摄取蛋白质以外，还需要增加肌肉量。

然后把蛋白质作为材料，通过训练来促进其合成肌肉蛋白质。

因此在训练前后，应当认真摄取蛋白质。留意在每日餐饮中摄取优质蛋白质，同时还需要灵活补充营养素。如此一来，肌肉养成的节奏就会有所变化。

肌肉训练→肌肉蛋白质的合成敏感度提高→摄取蛋白质→促进肌肉蛋白质的合成→肌肉发达

让肌肉按照这样的节奏逐渐变强吧。

摄取蛋白质的时机

不仅黄金时段，24 小时都需要补充蛋白质

在刚刚结束训练以后，马上摄取蛋白质确实可以提高身体合成肌肉蛋白质的功效。因此，我们在很长一段时间里都认为，健身之后 1~2 小时内是摄取蛋白质的黄金时段。"肌肉蛋白质的合成作用，在训练结束后的 1~2 小时达到峰值，然后逐渐衰退。"

但是近年来，在人们已经意识到"黄金时段"以后，还有很多更加重要的研究成果发表，颠覆了以往的常识。

"如果进行'all out（疲劳困顿为止）'的训练，能在 24 小时的时间内持续提高肌肉蛋白质的合成敏感度。这个过程，并非局限在训练刚结束的 1 个多小时里。"

在各种各样的研究结束后，都有相关的新信息发表。直到 2017 年 ISSN（国际体育营养学会）对此进行了认定以后，"肌肉蛋白质的合成在 24 小时内始终持续进行"的观点才终于登上了大雅之堂。

所以，摄取蛋白质的时间可不只是训练之后的 1~2 小时而已，我们有必要在一天的 24 小时内都摄取蛋白质。也就是说，我们应该精心注意一日三餐的搭配。

如何决定摄取量

合适的摄取量，取决于年龄、体重、训练内容

我们在之前的内容中介绍了摄取蛋白质是促进肌肉发达的必要条件，那么接下来，就让我们考察一下每天摄取多少蛋白质才合适。

在肌肉训练类的书籍和杂志中，我们经常能看到这样的内容："每天必须要摄取 60g 以上的蛋白质""每餐摄取 25g 蛋白质"。

这种具体数字虽然具有一定参考价值，但充其量也只体现了平均值。我们并不能把这样的参考值当作放之四海而皆准的标准。

其实，最合适的蛋白质摄取量应该根据年龄、体重、训练内容这三个项目来计算得出。

首先，让我们以年龄和体重为依据计算摄取量。

在 2009 年加拿大多伦多大学的研究中，用这样的方法描述了每餐应摄取的蛋白质量。

"对 20 多岁的年轻人来说，适当的蛋白质摄取量应为 0.24g/kg。"

"对 70 岁以上的高龄者来说，适当的蛋白质摄取量应为 0.40g/kg。"

以此为依据进行计算，一位年龄 20 多岁、体重 65kg 的小伙子，摄取量

应为 0.24g×65=15.6g。而一位年龄 70 多岁、体重 65kg 的老年人，摄取量应为 0.4g×65=26g。也就是说，在同样的增肌背景下，年长者要比年轻人摄取更多的蛋白质。

在此，我们虽然只对 20 多岁和 70 多岁的人进行了比较验证，但是对于 30~60 岁的人群来说，也可以根据这个理论来推算最合适的摄取量。

除此之外，训练的内容也会影响摄取量的数值。简单来说，单关节（只运动一个关节）训练与多关节（运动两个以上关节）训练就不一样。后者需要摄取的蛋白质应当比刚才计算的多 5~10g。

 # 预先了解增肌小技巧

睡觉的时候，肌肉蛋白质的合成仍然在继续！

    在增肌的时候，有一些摄取蛋白质的小技巧，请一定要预先了解！

    如前文所述，经过肌肉训练以后，肌肉蛋白质的合成敏感度提高，全天24小时都在持续进行合成。其实除了这一点以外，还有一个被颠覆了的常识，那就是在很长一段时间里，人们都认为睡眠期间体内不会有肌肉蛋白质合成。

　　肌肉蛋白质会在合成与分解的过程中循环往复。在 2008 年以前，人们认为睡觉的时候不会有肌肉蛋白质合成，而更多地会有肌肉蛋白质分解。因此，那时候人们认为"睡觉之前服用蛋白质没有作用"。实际上，当时确实也有可以印证这个理论的数据。

　　但近年来，科学家们增加了摄取量，又重新进行了验证。最新结果显示，睡眠过程中体内出现了明显的肌肉蛋白质合成。

　　例如，我们在傍晚进行肌肉训练，然后摄取蛋白质。在睡觉之前，再另行补充一部分蛋白质，这样就能持续实现肌肉蛋白质的合成。而且睡前摄取蛋白质，不仅能即时性提高肌肉蛋白质合成，更能使其效果长时间持续。

　　要是在睡眠中也能实现肌肉发育，我们有什么道理不灵活运用呢？

巧妙摄取营养素的方法

咖啡因确实能够提高肌肉训练的成效

接下来，再说一说咖啡中含有的咖啡因与肌肉训练的关系。

咖啡因具有延长肌肉耐力的功效，这一点早在很久以前就为人们所熟知了。早在 1907 年，伦敦大学就以此为课题，发表了研究结果。此后，这个说法从来没有被质疑过。

对于"摄取咖啡因以后，肌肉疲劳得以缓解，因此可以延长耐力，提高运动成绩"的说法，人们普遍认可的理论依据为"摄取咖啡因，可以促进肌纤维中含有的糖类的分解，因此可以提高肌肉耐力"。

但是，人们之后又有了新的发现。

咖啡因有助于延长肌肉耐力的结论没有变化，但是人们终于清楚地发现咖啡因并非作用于肌肉，而是直接作用于"大脑"。

通常，在疲劳困顿的状态下进行肌肉训练，疲劳感会让大脑释放出抑制细胞活动的指令，这才是导致运动成绩恶化的原因。但是摄取咖啡因之后，大脑的感受性下降，延缓了感知疲劳的速度，因此会维持甚至提高运动成绩。

　　另外，咖啡因还能促进脑内多巴胺等神经传导物质的分泌。多巴胺是引导神经活动的重要元素之一，这也在客观上证明了咖啡因有可能促进肌肉强健的说法。

　　咖啡因促进肌肉力量提高的特点，有以下三点。

　　① 对腿部、手臂均有功效，其中对手臂的效果更加明显。

　　② 对男女都有功效，其中对男性的效果更加明显。

　　③ 对有无健身经验的人都有功效，其中对没有健身经验的人效果更加明显。

　　我们认为按体重计算，每日摄取量高于 3mg/kg 比较好，但有报道称，直接从咖啡中摄取咖啡因时，吸收度有一定程度的上升。

摄取蛋白质+糖类的意义

高效提高肌肉力量的过程中，是否需要糖类？

为提高肌肉训练的效果，同时摄取蛋白质和糖类（碳水化合物）才是切实可行的方法。媒体虽然这样报道，但事实真的如此吗？

进行运动强度高的训练项目时，短时间内身体要消耗大量的能量。因此有人说："为了避免体内能量枯竭，肌肉训练前摄取糖类（碳水化合物）是非常重要的环节。"除此之外，还有"通过提高血糖值来让胰脏分泌胰岛素，促进肌肉蛋白质合成、抑制肌肉蛋白质分解"的说法。

但是在 2016 年，美国新墨西哥大学发表了截然不同的研究结果。

"如果摄取了足够的蛋白质，就可以取代胰岛素给肌肉蛋白质带来的效果。在结束肌肉训练之后，没必要既摄取蛋白质，又补充碳水化合物。"

说来说去，哪个说法才对呢？争论还在持续，目前尚无定论。但是我们可以这样想，就算同时摄取糖类（碳水化合物）和蛋白质会降低合成效果，但只要具备"修复肌肉损伤的效果"，就绝对不是浪费！

家用简易
增肌食谱

　　为了充分获得肌肉力量训练的效果，我们也需要从食品配餐方面进行相应调整。本章节中，介绍只需从超市或便利店买回食材，就能简单做成的美味"肌肉训练"食谱。

　　除了早、午、晚餐之外，本章节中还准备了训练之后的辅食、间食，这些色香味俱全的食谱，都能在短时间内完成，请务必亲手做来尝尝。

监修／

金丸利惠
Rie Kanamaru

　家庭配餐研究家、管理营养师、香料协调师（SCA 认定）、饮食生活顾问（FLA network 协会）。她立足餐饮行业，制作并开发各种菜单和食谱，有丰富的活动策划经验。目前，在针对代谢综合征进行专项保健指导之余，还执笔撰写营养专栏，提供餐饮咨询服务等，针对饮食健康的领域开展着多项活动。

三文鱼
卷心菜牛奶汤

在完成肌肉训练之后的 24 小时，体内会产生积极合成蛋白质的活动，因此绝对不能不吃早餐。即使在忙碌的早晨，至少也吃点儿含有鸡肉或三文鱼的沙拉吧。另外，牛奶、蔬菜、蘑菇类食品有助于修复疲劳，用这些食材做点汤，就能获得营养均衡的早餐了。一顿营养丰富的早餐，有助于提高起床后的体温，一定要好好吃早餐啊！

【材料】（1人份）

卷心菜	1片（50g）	盐	小1/3勺
口蘑	1/2包（50g）	黑胡椒	少许
黄油	10g	欧芹碎	适量
水	3/4杯（150mL）		
三文鱼	1片（60g）		
牛奶	1/2杯（100mL）		

【制作方法】

① 卷心菜撕碎，口蘑洗干净。

② 小锅内放入黄油，中火加热。

③ 黄油开始熔化的时候，加入①翻炒，变软后加水略煮一会儿。

④ 开锅以后，放入大块撕开的三文鱼。

⑤ 加入牛奶，沸腾前加入盐和黑胡椒调味。装入容器中，根据个人喜好撒上欧芹碎。

【营养成分】（每人）

热量	蛋白质	脂肪	碳水化合物	糖	食物纤维	食盐折算量
275 kcal	17.4 g	18.2 g	12.8 g	10.4 g	2.4 g	3.5 g

可以在前一天晚上准备好。如果能买到散装口蘑，连菜刀都用不到。

生火腿和
卡蒙贝尔芝士三明治

即使一块小小的芝士，也含有大量的蛋白质和丰富的钙质。而生火腿则是高蛋白、低脂肪的食材代表。这两种食材都非常适合用来做训练过程中的辅食，但两者含盐分高，请不要过量食用，也不需要另行添加调味料。如果在意热量摄入量，可以通过面包的分量来调节。燕麦面包含有大量维生素与食物纤维，百吉饼中的脂肪含量少，两者的饱腹效果都很好，请务必尝试一下。

【 材料 】(1人份)

卡蒙贝尔芝士	40g
西梅干	2个
面包	2片 (60g)
芥末粒	1小勺
生火腿	50g

【 制作方法 】

① 把卡蒙贝尔芝士切成薄厚适中的片，西梅干平均切成2份。

② 面包中间切开切口，内侧涂抹芥末粒。

③ 把①和生火腿夹在里面。完成。

【 营养成分 】(每人)

热量	蛋白质	脂肪	碳水化合物	糖	食物纤维	食盐折算量
486 kcal	27.1 g	20.9 g	48.1 g	45.0 g	3.1 g	4.8 g

推荐使用马苏里拉芝士、切片芝士等。

豆子芝士马克杯面包

如果觉得用煎锅做薄煎饼麻烦，那微波炉一转就能完成的蒸面包怎么样！加上水煮豆子和芝士，一顿高蛋白质轻食瞬间就完成了。薄煎饼粉的脂肪含量少，可以适量加入水果干或高可可脂巧克力。就算正在训练肌肉，也可以享受食用小点心的快乐。

【材料】（1人份）

鸡蛋	1个
A）牛奶	3大勺
橄榄油	1/2小勺
干酪	30g
B）薄煎饼粉	1/2杯（50g）
砂糖	1小勺
混合豆罐头（水煮）	2大勺（30g）

【制作方法】

① 把干酪切成1cm见方的小块。

② 鸡蛋打入盆中，打散，加入A混合。

③ 把B放入A中，搅拌均匀，直到没有干粉块。

④ 把②和混合豆罐头放入③中，轻轻搅拌。

⑤ 倒入马克杯中，宽松地盖上保鲜膜。放入600W的微波炉中加热30秒。摘下保鲜膜，继续加热1分钟。完成。

【营养成分】（每人）

热量	蛋白质	脂肪	碳水化合物	糖	食物纤维	食盐折算量
462 kcal	21.3 g	19.3 g	48.3 g	47.2 g	3.3 g	1.8 g

还有直接在马克杯中搅拌的快捷办法。

鳕鱼意式蒸蔬菜

大家都有"增肌＝肉食"的强烈概念，但是肉与鱼、蛋、豆类、乳制品当中含有的营养成分不同，最重要的是不要过度偏食。鳕鱼中含有的脂肪少，易于消化，就算在较晚的时间段当作主要食材来食用也没问题。另外，建议用胡椒代替食盐来调味。

【材料】（1人份）

生鳕鱼	1片（100g）		A）橄榄油	2小勺
盐	少许		大蒜末	1/4小勺
胡椒	少许		盐	少许
绿芦笋	1根			
培根	30g			
圣女果	2个			
口蘑	2个			

【制作方法】

① 用盐和胡椒腌渍生鳕鱼。

② 切掉芦笋根部较硬的部分，斜着切成薄片。

③ 把培根切成1cm厚片；圣女果去根，横向切成两半；口蘑擦干净，切成5mm薄片。

④ 把②摆放在耐热容器中，①放在上面，③摆放在周围。

⑤ 一边搅拌A，一边倒入容器中。宽松地盖上保鲜膜。放入600W的微波炉中加热3分钟。

【营养成分】（每人）

热量	蛋白质	脂肪	碳水化合物	糖	食物纤维	食盐折算量
300 kcal	23.5 g	20.1 g	6.1 g	4.4 g	1.7 g	2.5 g

溢出的汤汁会带走一部分营养物质，用面包蘸着汤汁全部吃光吧！

鲣鱼卷
微辣沙拉

鲣鱼，在鱼类当中属于蛋白质含量多、香味强的品种，而且市场上全年都可以买到加工好的鲣鱼块，是一款非常便利的食材。如果反感鲣鱼的味道，可以加入洋葱、生姜、大蒜等来综合味道。再来点辣椒油或者胡椒，其中的辛辣成分还有助于提高基础代谢。

【材料】(1人份)

鲣鱼段	100g	生菜叶	1袋
胡椒	少许	烤花生	5~7粒
洋葱	1/8个		
A) 醋	2小勺		
酱油	2小勺		
生姜末	1小勺		
辣椒油	少许		

【制作方法】

① 鲣鱼段切成片，再改刀切成两半，撒上胡椒。
② 洋葱切薄片，用水冲洗。去掉一些辣味以后，放在小盆中沥干水分。
③ 把A混合在一起。
④ 小盆里放入①和②，放入生菜叶，加入③适当混合。
⑤ 盛入容器中，把烤花生切成两半，撒在上面。

【营养成分】(每人)

热量	蛋白质	脂肪	碳水化合物	糖	食物纤维	食盐折算量
210 kcal	29.9 g	6.1 g	8.1 g	5.8 g	2.3 g	1.8 g

春季的鲣鱼当中，脂肪成分很少，就算减肥期间也能放心品尝。

鳕鱼·银鱼意面

鳕鱼中富含蛋白质成分，同时含有大量促进肌肉运动的镁元素（松弛）、钙元素（收缩），说它是一款家庭常备食材也不为过。鳕鱼与本身就富含蛋白质的主食意面搭配在一起，既能满足口腹之欲，又能起到健身增肌的效果。但是别忘了，我们正处于健身训练的阶段，食用的面量应当比平时少一些。

【材料】（1人份）

鳕鱼	鱼腹肉一条	意面	90g
A）橄榄油	1大勺	小银鱼	30g
汤面汁（浓缩款）	1大勺	青苗	1/4包
醋	1小勺		
盐	少许		

【制作方法】

① 鳕鱼表面划出纵向切口，翻开，抠出里面的部分。
② 将①和A都放入小盆中，混合。
③ 锅内烧水、煮沸，加入盐，按指定时间煮熟意面。
④ 意面盛入漏网中，沥干水分。趁热和②混合在一起。
⑤ 盛入盘子中，撒上小银鱼和青苗。

【营养成分】（每人）

热量	蛋白质	脂肪	碳水化合物	糖	食物纤维	食盐折算量
572 kcal	31.4 g	16.5 g	69.4 g	64.4 g	5.0 g	5.0 g

刚发芽的青苗营养丰富，如果有根的话可以保存数日，可在家中常备一些。

高蛋白质
豆腐饼

　　用豆腐代替面包粉，让蛋白质含量更加丰富。可以多做一些后冷冻保存。即使工作繁忙，也能在健身后简单解冻食用。煎豆腐饼的时候，可以在炒锅周围的空隙处煎一些彩椒或小蘑菇，短时间内就能完成一餐色香味齐全、营养满分的晚餐。

【材料】（2人份）

卤水豆腐	1/2份（150g）	芝麻油	2小勺
冻豆腐	1/2片（10g）	B）汤面汁（浓缩款）	1大勺
猪肉	150g	水	4大勺
A）盐	1/4小勺	淀粉	1/2小勺
黑胡椒	少许		
酱	1小勺		
生姜末	1小勺		

【制作方法】

① 用厨房用纸包住卤水豆腐，放置10分钟左右，吸干水分。

② 冻豆腐切碎。

③ 猪肉和A放入小盆中，揉至肉质顺滑。

④ 放入①，一边捏碎一边搅拌均匀。

⑤ 放入②，继续搅拌。分成2份，揉圆，中间稍微凹陷。

⑥ 锅内放芝麻油，把⑤放在锅内中火加热。出现金黄色后翻面，盖上盖子焖6~7分钟。

⑦ 把混合好的B倒进来，一边转动炒锅，一边把食物煮到出现黏稠感，放进盘子中，把锅内剩余的汤料浇在菜上。

【营养成分】（每人）

热量	蛋白质	脂肪	碳水化合物	糖	食物纤维	食盐折算量
318 kcal	21.8 g	22.5 g	4.6 g	3.4 g	1.2 g	2.0 g

酱料能抑制肉的腥味，是一款烹调十分精致的料理。

清爽鸡蛋

空腹状态下进行健身训练，是无法合成肌肉蛋白质的。而且空腹状态持续 8 小时以上，肌肉会逐渐被分解掉。对于想要塑造健壮身形的人来说，这种饥饿行为并不可取。为了避免这种情况，冰箱中应当常备鸡蛋。鸡蛋中含有大量氨基酸和营养物质，是一款非常优质的食材。此外，利用鸡蛋制作的食谱非常简单，只要记住基本款式就能够举一反三。

※ 在冰箱内可以保存 4 天左右。

【材料】（4人份）

鸡蛋	4 个
A）醋	2大勺
酱油	3大勺
味淋	1大勺
砂糖	1小勺

【制作方法】

① 制作料理之前30分钟，从冰箱内取出鸡蛋，静置至恢复常温。

② 锅内放水和盐，煮沸后加入①，煮7分钟。取出后浸泡在凉水中，剥皮。

③ 将A混合。

④ 把②装入可以封口的塑料保鲜袋中，倒入③，排空空气后放入冰箱静置1日。

【营养成分】（每人）

热量	蛋白质	脂肪	碳水化合物	糖	食物纤维	食盐折算量
102 kcal	7.6 g	5.1 g	4.0 g	4.0 g	0 g	2.1 g

调味汁中的醋正好起到了杀菌作用，因此可以延长保存时间。

纳豆炒肉末

可以同时摄取动物和植物蛋白质的优良食谱之一。烹炒过的纳豆香味独特，黏稠度得以缓解。纳豆是发酵食品，具有蛋白质的消化吸收率较高的优势。同时，纳豆中还包含脂肪、糖类、食物纤维、维生素、矿物质等大量人体不可缺少的营养成分。

※ 在冰箱内可以保存 4 天左右。

【材料】（2人份）

大葱	10cm	鸡肉末	100g
竹轮	30g	B）酱油	1小勺
纳豆	2小包	砂糖	1小勺
A）豆瓣酱	少许		
大蒜末	1/2小勺		
生姜末	1/2小勺		
芝麻油	2小勺		

【制作方法】

① 大葱和竹轮切成段。

② 纳豆与附赠的调料放在一起，搅拌出黏稠感。

③ 将A放入炒锅中，中火加热，翻炒出香气。

④ 放入鸡肉末，翻炒到鸡肉末散开。加入B和②，继续翻炒。

⑤ 关火，加入①轻轻搅拌，盛入容器中。

【营养成分】（每人）

热量	蛋白质	脂肪	碳水化合物	糖	食物纤维	食盐折算量
220 kcal	14.8 g	13.1 g	10.0 g	7.4 g	2.7 g	2.1 g

如果正在减肥，不建议做盖浇饭。可以直接用卷心菜卷着吃。

鸡胸肉沙拉

鸡胸肉沙拉是肌肉训练时的代表食谱之一。使用鸡胸肉，利用微波炉就可以简单制作完成。如果你觉得鸡胸肉的口味过于单调，就想想鸡胸肉的脂肪含量仅为鸡腿肉的 1/2，有没有好受一些？自己动手制作，可以根据自己的喜好加入蔬菜和调味料，尽情享受独家美味吧。味道不会像市面销售的调料味道那么浓厚，非常健康。

※ 在冰箱内可以保存 3 天左右。

【材料】（3根份）

鸡胸肉	3根（60g×3）
A）砂糖	1/2小勺
盐	1/2小勺
黑胡椒	少许
橄榄油	1小勺
水	2大勺

【制作方法】

① 用叉子在鸡胸肉上刺孔。

② 小盆内放入A，混合均匀。

③ 放入①，仔细揉一会儿，然后静置10分钟。

④ 把③摆放在耐热容器中，宽松地盖上保鲜膜，放入600W的微波炉中加热2分钟。
取出翻面，再加热1分钟。然后静置，利用余热继续升温。

⑤ 放凉以后，切成薄片。

【营养成分】（每人）

热量	蛋白质	脂肪	碳水化合物	糖	食物纤维	食盐折算量
80 kcal	14.3 g	1.8 g	0.6 g	0.6 g	0 g	1.1 g

鸡胸肉加热时间过长，肉质会变柴，请灵活运用余热。

问与答

（Q&A）

第四章

进行正确肌肉训练的
问与答

Q&A The Right Way to Muscle Training

"肌肉训练的常识"，是在经年累月的打磨后不断推陈出新的理论。这是因为科学在不断地解析着什么才是"高效促进肌纤维发达的方法"。因此，我们试图实践自认为正确的训练方法、饮食方法，但实际上却大错特错的案例并不少见。现在，就来对您"越来越问不出口的基本问题"做出解答。

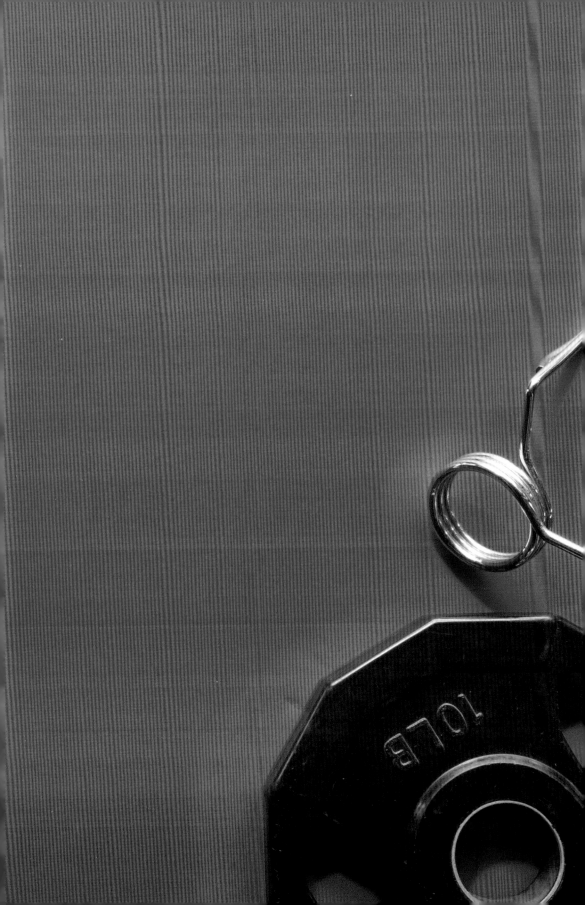

1 有效进行肌肉训练的时机是上午吗，还是晚上？

答　以前大家经常这么说："肌肉训练的黄金时间是在下午 6 点钟。"

这个结果是根据我们的生物钟（体内计时器）的规律，认为身体在傍晚的活性化最强，所以被推测出来的。

但是，2019 年维多利亚大学的研究结果颠覆了我们的常识。如果肌肉训练可以长期持续，平均达到 11 周（约 3 个月）的水平，那么无论在肌肉强度方面还是在肌肉增长方面，都没有体现出明显的早晚差异。由此可知，只要长期持续，无论在哪个时间段进行训练，都能获得同样的效果。但短期练习的话，还是傍晚的效果更明显。

2

如何在进行一段时间的训练后，
长期保持强健的体魄呢？

　　对于没有多少健身经验的人来说，从开始健身开始，到获得理想的身材为止，花费的时间要远远超出当初的预想。而且在训练的过程中，一定会感到"艰辛"。

　　是不是在练就了一身理想体魄之后，还有必要继续同样的训练呢？对于这个问题，没有明确的科学依据可以供我们参考。但根据斯德哥尔摩大学的研究结果，得到过训练的肌肉细胞，更容易对训练刺激产生反应。所以从现阶段来看，应该可以降低一定的运动量。但是降低的程度，应该取决于身体的反应。

3　大量摄取蛋白质会损伤肾脏吗？

答　　1948年，在明尼苏达大学的研究中提到了"过量摄取蛋白质是否会对肾脏造成不良影响"的课题，之后，引发了很多关于这个问题的讨论。从最近几年的研究结果来看，可以得到以下几个结论。

"过量摄取牛肉、猪肉等红肉，会对肾脏造成损伤。"

"摄取乳蛋白或鸡肉，基本不会对肾脏造成损伤。"

另外，2018年渥太华大学也报告了最新研究结果，有证据显示，一天当中每公斤体重摄取2.0g的蛋白质，并不会对肾脏造成损伤。

4 训练课程难以坚持，
如何是好？

答 　　开始健身之后难以坚持的人，并不少见。"工作太忙，没时间""训练太累，坚持不下去""效果不理想，有点失望"等，每个人都能给出貌似合理的解释。

　　但是，无法坚持进行训练的理由其实只有一个，那就是"意志力薄弱"。只有具备一定的意志力，才有可能把艰辛的肌肉训练坚持到底。我们在工作中、生活中消耗了大量的意志力，但很难把意志力发挥在健身中。这种情况下，可以试试"如果（if）那么（then）实行计划"的方法。例如，把计划定为"下班以后（if），不看电视玩手机，直接换衣服去健身房（then）"。这样一来，就能以最小的意志力坚持健身了。

5 所谓热身、放松，是没有效果的吗？

答 目前为止，大家公认热身、放松有各种各样的效果，例如"缓解疲劳""减少肌肉疼痛""恢复肌肉力量""合成肌肉糖原"等。

但在 2018 年，荷兰马斯特里赫特大学的验证结果否定了此前人们的认知，并且还给出了"我们期待从热身、放松中获得除去乳酸的效果，但除此以外，并没有什么功效"的结论。

虽然热身、放松没有恢复肌肉的效果，但类似于按摩的积极康复功效却有目共睹。在完成肌肉训练后，还是应当通过按摩，或者利用泡沫辊（warm roller）来进行放松的。

6 持续进行肌肉训练后，
真的可以得到"不容易生病的体质"吗？

　这个意味深长的结果，是 2017 年由澳大利亚的悉尼大学报告的研究结果。

"每周进行 2 次以上的肌肉训练，癌症死亡率可降低 3 成。另外，全病种的死亡率也可降低 2 成。"

而且无论在健身房进行器械练习，还是在自己家里进行自重训练，都能获得同样的效果。

这是证明肌肉训练对疾病有效的最新信息，受到了世界范围的广泛关注。

7 肌肉强健以后，精神层面也会更加平和吗？

答 其影响程度可以得到充分的认可。

2017 年，爱尔兰林克大学的研究显示，肌肉训练可以大幅度改善健康者的不安情绪，更能让情绪障碍等患者的病情得到缓解。

而且，这个效果广泛存在于不同性别、不同年龄层的人群中。可以认为，肌肉训练带来一定程度的疲劳感，从而实现了精神层面的安宁和平和。

一本书读下来，感受如何？

我试着根据最新的信息，尽可能简明易懂地解读了相关要点。

近 10 年以来，人们对于肌肉训练的研究有了长足的进步。尽管如此，在人体动作机能、体系、人体与食物之间的关联性方面，仍然存在很多不解之谜。

本书中虽然介绍了一些最新信息，但也仅止步于"目前为止的最新信息"。随着今后新技术和新科研手段的开发，想必会有更可信的研究报告产生。到了那时候，我们现在认识到的所谓常识，也有可能被驳斥一新。

在社会信息不断更新的进程中，现在获取信息的手段和方式要比从前简单很多。所以我们总是整装待发，做好了随时接受新信息的准备。没错，时常更新知识储备，是一件必要的事情。

但在信息收集的基础上，还有什么是更重要的呢？那就是如何将这些信息与自身实际情况结合在一起，然后配套出最适合自己的训练课程。正因为是重要的信息，才更应该以最切合实际的方式应用在自己身上。

但是，人与人之间是存在个体差异的。

这些信息尽管重要，但未必全部适合我们，必须要进行适当的取舍才行。

从另一个角度考虑，我们的生活环境正在面临着巨大的改变。在这样的变迁过程中，可以预见健身对人类生活的重要性会不断提高。

如果在阅读本书之后，你能够持续享受健康舒适的生活，不断充实自身的健身课程，那我将不胜欣慰。

今后，我还会继续在个人博客中上传有关肌肉训练的最新信息。

庵野拓将

2020 年春

◇监修者简介

庵野拓将（ANNO TAKUMASA）

理疗师、教练、博士（医学）。

研究生毕业后，就职于大学医院的康复中心。面向的患者有普通伤病患者，也有运动员，至今为止对 6 万余人提出了切合实际的指导意见。他立足大学医院，不断将世界最前沿的研究成果应用于实操领域，并积极致力于科研发表和论文执笔。主办了名为"rehabilimemo"的博客，着重介绍肌肉训练、运动营养学等相关主题的最新研究报告。著有多部运动健身类著作。

日本版工作人员名单：

设 计	近藤隆夫
拍 摄	真崎贵夫
编辑助理	SLAM JAM
	广井章乃
	村中崇
模 特	小林靖
设 计	平田治久(NOVO)

参考文献：

《Starting strength第3版》（Basic Barbell Training）
监译：八百健吾/医学影像教育中心
《科学且正确的肌肉训练最强教科书》
作者：庵野拓将/KADOKAWA

これが世界標準！ 科学が証明した最強の筋トレ

庵野拓将

Copyright © 2020 by Takumasa Anno

Original Japanese edition published by Takarajimasha, Inc.

Simplified Chinese translation rights arranged with Takarajimasha, Inc., through Shanghai To-Asia Culture Co., Ltd.

Simplified Chinese translation rights © 2019 by Liaoning Science and Technology Press Co., Ltd.

©2021 辽宁科学技术出版社

著作权合同登记号：第 06-2020-229 号。

图书在版编目（CIP）数据

经科学证明的最强肌肉训练图解 /（日）庵野拓将监修；张岚译 . — 沈阳：辽宁科学技术出版社，2021.7

ISBN 978-7-5591-2055-7

Ⅰ . ①经… Ⅱ . ①庵… ②张… Ⅲ . ①肌肉 - 力量训练 - 图解 Ⅳ . ① G808.14-64

中国版本图书馆 CIP 数据核字 (2021) 第 094735 号

出版发行：辽宁科学技术出版社

　　　　　（地址：沈阳市和平区十一纬路25号　邮编：110003）

印 刷 者：辽宁新华印务有限公司

经 销 者：各地新华书店

幅面尺寸：170mm×240mm

印　　张：9

字　　数：200千字

出版时间：2021年7月第1版

印刷时间：2021年7月第1次印刷

责任编辑：康　倩

版式设计：袁　舒

封面设计：袁　舒

责任校对：徐　跃

书　　号：ISBN 978-7-5591-2055-7

定　　价：58.00元

联系电话：024-23284367

邮购热线：024-23284502